U0014996

上海連看

蕭佳佳 著・攝影

MIX CITY　　ALL OF SHANGHIA

阿拉就是這個樣

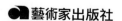藝術家出版社

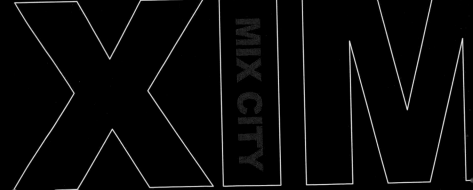

上海左右看 MIX City-All of Shanghai

藝術家出版社

阿 拉 就 是 這 個 樣   蕭佳佳 著 · 攝影

Shanghai

MIX

MIX CITY

其實對當年台灣年輕一輩的朋友而言，他（她）們身上流著一些與其他國家同世代年輕人的血液，也就是説，他們喜歡去體驗這個世界。

他們沒有那麼強烈的（其實是狹隘的）國家意識，也因此，對台灣年輕一代的朋友而言，他們有著較過去充裕參與全球發展的機會。對較老一代的朋友而言，他們過去之所以可以參與一些全球事務是因為他們自身奮鬥努力，或至海外留學之故。如今的年輕朋友，他們的世界已脱離了經濟貧困的年代。

隨著台灣與大陸之間的開放交流，上海儼然成為台灣年輕一代試鍊參與國際的少數機會點之一。上海的國際化，讓許多台灣階層的人不忍失去這個可以展現自我、冒險、實現想法的機會。相較於東京、紐約、巴黎、倫敦的狀況，上海城市文化上的潛力，正是吸引台灣年輕族群的焦點所在。

本書作者自淡江大學建築研究所畢業不久，即因緣際會的到上海工作。如今我看到她寫作成果。我佩服也欣賞她的企圖心，感覺她是一位心思細膩的女性，有敏鋭的觀察力及表現能力，也有良好的文字能力。她對上海的觀察，時而居民，時而外來者，以這種彼此交叉搭配拍照的方式，表現出有別於一般旅遊記事的報導。

對許多在戰後（1960）出生的台灣人來説，受教育期間關於中國大陸的歷史與地理的真實感，其實是相當遙遠的。通常在課外之餘所閱讀的武俠小説，或是

所看的電影，都可能比課內的教材往往來的更有效。但儘管「真實的模糊」是如此的明確，在其中所隱藏的神祕好奇，卻是如今許多年輕世代的朋友對中國的一切有所嚮往的原因之一。

「上海」大概是這一波中國熱潮中最令人熟悉的城市之一。歷史的上海，其實是一面近代中國社會發展的縮影，相對於十九世紀末至二十世紀初中國的保守落後封建，上海卻是一處開放進步且具創新及冒險傾向的都會。直到五〇年代，上海仍是東亞首屈一指的國際都會。然而自五〇年代至九〇年代初，約四十年的時間，上海的發展進入了前所未見的停滯，整個城市因戰亂，因意識型態的需求，而呈現出世所罕見的城市「誤讀」的狀態。這其中包括因未經完整分析而產生的城市，建築不當使用，使得城市發展產生嚴重的「失序」，也因為如此，改革開放後的上海有了一些別處（城市）無法領略體會的獨特現象與經驗。一時之間，這種「失序」也成為整個城市多項文本的一環。作者將上海當成一個完整的現象來處理，反而更清楚的表達了前述關於上海的多向文本的面貌。

對於本書的出版，我樂於為序，不只因為作者與我的師生關係，更因為作者在觀點上的明確與自信。

淡江大學建築系副教授　吳光庭

目錄

CONTENTS

楔子

「你心目中的上海，是什麼樣子？」這是我最愛問來到上海的
友人的話題。

沒有一個人完全愛她，也沒有一個人可以不去看她，有人是又
愛又恨，有人已經麻木不仁，有人把她視為絕佳的金錢機會，
也有人已經被螯的傷痕累累但仍然再接再勵。北京人瞧不起上
海人，上海人笑北京人講英文有北京腔；杭州人不喜歡上海
人，認為他們只是有錢；安徽人也不喜歡上海人，因為上海人
說安徽是個鄉下地方；蘇州人對上海人沒有太大意見，因為蘇
州人一直是好脾氣。

如果你要問我心目中的上海是什麼樣子？
我會回答：「上海像是一個外表美麗的女子。但有沒有內涵，
就要視你對於對象的要求而定。」

上海，新中國的現代城市，文明在此發散出美麗的寬度，上海
的新舊雜陳，更是這魅力城市的深度所在。復興公園官邸和瑞
金賓館所瀰漫的幾分奢華，是上海的綺麗羽衣，石庫門改建的
新天地觀光指標，新聞傳播似地向世界招手，吸引無數的觀光
客前來一探上海灘的絕代風華。現代的上海，或許還隱隱透著
三○年代曾經瀰漫奢華的氣質，更有文人雅士所鍾愛的新舊交

疊氛圍。再細細看看上海，好像昔日文化藝術交流的場所，對現在的上海，卻似乎成為一種精神上的奢侈。七點後黃浦江的兩岸，亮出上海最聞名的上海灘風華，一棟棟租界的歐式建築風格，在燈光的照射之下，更添美麗風采，對岸浦東的巨大高樓，也同樣令人心醉神迷。上海的繁華，是一定的。但是這股繁華的影像背後，有沒有別的風景？我相信是有的，也相信我找到了。聽上海人說，這沒什麼，幾十年前就是這樣子，看看上海人的氣度，果然不同凡響。

在同一條的街上，可以看到完全兩樣的風情，十五公尺以內的空間，在時間點上，可以相差五十年。這是初次見到上海的第一印象。你可以在上海找到很多這樣的相對畫面，很想在這些照片中，找到第一次見到上海時，心中疑問的答案。上海不是一個我會愛上的城市，但絕對在我的心中，佔了一個十分重要的比例。在今日的上海，是全世界最熱門的城市，上海人口中的「火紅」，更能襯托出這個世人的目光焦點，到底上海有怎樣的能量，讓全世界為之瘋狂，希望我們可以在這裡找到自己的答案。

◆本輯所有影像全部未經剪接，以忠實呈現記錄。

上海思春期未滿

上海左右看〔上海思春期未滿〕■■■ **10**

上海急著長大。像是忘了青春期的孩子，還沒有享受到青春恣意的美好，就開始穿起母親華麗的衣裳。少了青春期的稚嫩，華麗的衣裳就是透著成熟的樣子。你不能說她有錯，她的時代逼著她一下子就長大。趁著中國這個老父還沒發現的時候，一下子就長大。趁著外國人發現她的美麗的時候，一下子就長大。趁著全世界都望著她的時候，一下子就長大。

「長大之後，好不好呢？」你問她。她卻露出看盡風華的表情說：「回不去的。一旦選擇要長大，就沒有回頭的機會。」

她將擺著丰姿卓越的身段，等著還稚嫩的心，追上夠格的面容，繼續風騷一百年。

成熟的門檻

廣告上的男人外在這麼說：男人以香菸的吞雲吐霧，表示自己跨出成熟的那個門檻。能夠站在香菸攤前，選一包紅雙喜或是Marlboro light，讓胸前鼓出一邊方盒的形狀，表示他有資格成為真正的男人。（董家渡路巷內小攤）

廣告上的女人內在那麼講：女人胸前偉不偉大，可以用這個玩意兒托出，更顯得自己跨進成熟的那個門檻。帶一件紅色的回去唄，帶點喜氣，討點好運，也挺洋氣的。

這是什麼狗屁的成熟論。國外回來的李小軍說，戒了菸的男人才是新好男人。準備出國的張虹說，新時代的女性，別受拘束，我們得先破除迷信才成。（董家渡路巷內小攤）

不會是藍色，因為天空總是灰灰的。
不會是綠色，因為法國梧桐只記得在春夏的時候發芽長大。
不會是白色，因為一年大約只下一次的雪。
除了蘋果的紅和香蕉的黃，上海裡的顏色，很多都是人給捏出來的。
生活的顏色不多，所以看見紅色的機車就興奮的不得了。
包裝小腿的絲襪是褐色的。
包裝服裝的彩帶是花金色的。
只有包裝迷茫的酒箱是用來預告彩色的。

（董家渡路面料市場布攤）（董家渡路巷內小攤）

小巷子裡的顏色總是很過癮。
顏色分類不完全，
沒有大塊的灰，
總是花花綠綠、
黃黃紫紫、
紅紅藍藍。
像是童年的白日夢，
模模糊糊，
繽紛非常。

乾淨且主題明確的立面，

反而成為上海市裡失落的一角，

不曉得有沒有會見到大圓滿的一天。

上海屋子的顏色不算多，

舊舊的酒紅色和灰灰的白色，

成為最常見的搭檔組合色。

（董渡路巷內）

保證不撞衫

在面料市場裡，滿滿的都是佈滿色彩的紡織品，不得不佩服人類的創造力。雖然屋頂是破破舊舊的，店舖一間一間也很小，但是花樣多的不得了的布，可沒空讓眼睛看別的地方。挑一塊適合的面料，或是沒見過的料子，嘗試一場屬於自己的花樣年華。（董家渡面料市場市集）

時尚真偉大

董家渡的市場裡，在週末聚集另外一批金髮碧眼的外國人。原來全世界的慾望都一樣，希望可以擁有一件獨一無二的衣裳，或是作一場成為服裝設計師的美夢。董家渡成為上海另外一個觀光勝地，作衣服成為上海生活的另一個要件。我們不得不要說，時尚真偉大。（董家渡面料市場市集）

上海十月名菜：
陽澄湖的大閘蟹
寒色系的生蟹怎麼遇熱就變成紅色系
的盤中蟹，只有老饕會解開的化學
式。吃大閘蟹，可以構成一組話題：
1.怎麼挑選
2.如何烹煮
3.如何支解
學會之前，會吃的杯盤狼藉，而且還
吃不到重點。學會之後，發現吃
蟹還真有學問，你才開始吃
得很優雅。不過，忙
著分解大閘蟹的餐
桌上，可就靜悄悄
的安靜無聲。

上 海 很 好 吃

由整碗透著粉色的白湯圓，比比看誰家的湯圓比較大碗。乒乓球大的芝麻湯圓，一顆人民幣五毛錢，而且以顆計算。（董家渡路口）

五顆菜餛飩加上五顆肉餛飩，謂之鴛鴦。紅辣椒醬讓鴛鴦更添喜氣。
鴛鴦餛飩，一碗兩塊五毛錢人民幣。（董家渡路口）

吉祥餛飩所使用的碗，通常都是黃色的，配上綠色的香菜剛剛好。白顏色的乾佐料和黑顏色的醬汁，任君口味來搭配。上海連鎖餛飩店之芥菜餛飩、吉祥餛飩，通常一碗五塊錢人民幣。（吉祥餛飩）

Shanghai Style
董家渡的假日消遣
上海和台北的對話

〔亞絲麗塔和雅莉思在網路的Chat Room遇見〕

雅 莉 思 說：親愛的亞絲麗塔，妳平常在上海的休閒活動是什麼？

亞絲麗塔說：我可愛的雅莉思，平常我都沒地方去啊，上海其實和台北一樣繁華。但少了山可以爬，水又太遠，...^＿＿＿＿＿＿^----，有點無聊啊，讓我想想，有了，去董家渡路選面料，做衣服，該算是一件很特別的消遣活動吧。

雅 莉 思 說：？？面料？做衣服？

亞絲麗塔說：對啊！你可以一次看到各式各樣的布料，和跟老闆或是做衣服的師傅溝通自己的想法，懶一些的客人，就拿原有的衣服作樣板，或拿fashion雜誌當參考，在身上比劃半天。

雅 莉 思 說：為什麼不去逛逛市場，走走百貨公司就算了。還要麻煩選布，找人做，而且不一定好看吧！

亞絲麗塔說：那你就不能體會女人撞衫的心態了，擁有全世界獨一無二的衣服，是每個女人潛意識裡的夢想，而且在那裡，你感覺得到你可以買到一個夢想。上周末，我就去了二次。

雅 莉 思 說：不遠嗎？

亞絲麗塔說：可遠了。打D（乘Taxi 在上海稱打D）可要一個半小時，但是在面料市場裡，像是做了一場冒險的夢。

雅 莉 思 說：冒險…的夢…

亞絲麗塔說：是啊。也像是一償當個服裝設計師的宿願。

雅 莉 思 說：聽起來，挺有趣的。

亞絲麗塔說：嗯，每次在選布料的時候，都會幻想著放在自己身上，會是怎麼樣的一番光景，回憶自己在逛街時，看雜誌時，買不到或買不起的衣服，或是想要改良一下，設計出完全不同的組合，心想，應該比買一件成衣便宜，又可以很不一樣，那種在未來實現向朋友炫耀的心態，也就主控了女人。反正綜合許多心理因素，造就了董家渡迷人的氣氛，像我這次就冒了一次大險──作了大衣、棉長褲、旗袍、連身洋裝，可是大失血哩！所以還是得小心預算點的好。

雅 莉 思 說：分析起來還挺有學問的，真不愧是亞絲麗塔。那麼…那些夢幻衣服的下場呢？好看嗎？有符合你的想像嗎？

亞絲麗塔說：唉，這可一言難盡加上運氣了。所以這種消遣，久久才能玩一次，偶爾做做夢也頂重要啊！總之，董家渡路半日遊，讓你過足了扮演服裝設計師的癮。

美麗的上海老房子

上海老房子，

不只有法式，

還有英式和西班牙式。

一個區域可以代表一個時期，

一棟房子可以顯現一個年代。

逛一場上海老房子的下午，

可以享受一下屬於上一個時代的歷史旅程。

(常熟路)(長樂路)

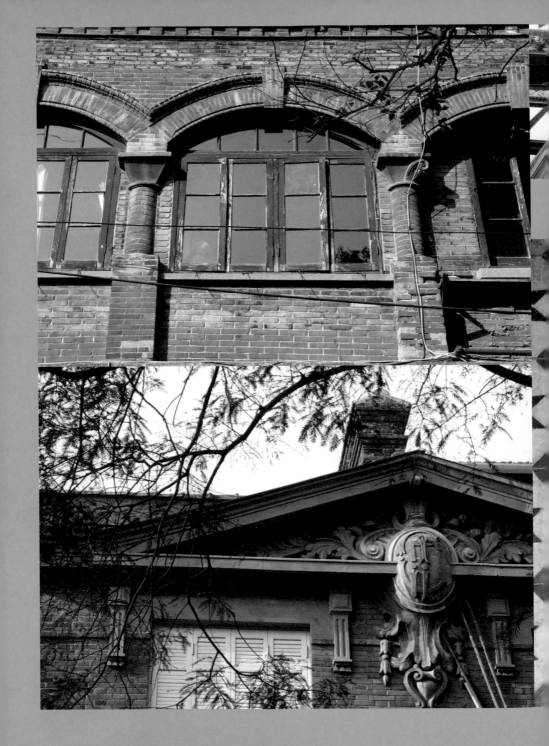

（虹口區甜愛路附近）（常熟路巷內）（四川中路巷內）（多倫路巷內）

多倫路的房子很厲害，
美麗得很厲害。

她們就那麼蠻不在乎的佔著一整區，
因為那些名人們都曾經居住過這個地方。
文人雅士喜歡，
將軍也喜歡。
人們不記得誰住過哪一棟房子，
所以就以銅牌標誌著。
不過這樣的美麗是不會被忘記的，
所以上海很有氣氛的街道，
就在把美麗蔓延出來的多倫路上。

（多倫路口）

擁有爬藤類植物的牆，一向很是美麗。
原來建築物是怎樣的表情，已經不太重要，
因為它已裹著新裝，飄散著一頭秀髮…

（衡山路）（淮海中路紫闌門旁巷內）

最上海的房子，非常歐
洲。那個時代的房子，總
是很經典。
比例正確、開窗對位、連
用材都夠考究。可以百看
不厭，可以夠格的再聳立
一百年。
上海的房子有很多已經規
劃成歷史性建築，這裡的
老房子受到十分尊重的留
下來。上海市的都市觀
念，這點是很進步的。

（長樂路）

虹口區擁有上海美麗的紅磚房，
別的地方是看不見的。
難怪魯迅會選擇住在上海的北邊，
擁有美麗紅磚瓦屋的北邊。

這裡的房子似乎有點滄桑。
紅磚裝飾的灰牆，
雖然看得出有點年紀，
其實不太斑駁。
或許是沒有人住的屋子，
老的比較快。

(虹口區甜愛路附近)

以紅磚雕塑出的古典柱式，

呈現與石材截然不同的溫度。

圓形的紅磚十分不易被打造出來吧？

那個唸建築的男生是這樣為我解釋的。

我是為著來自鄉村的紅磚想要學石頭的優雅而著迷，

為著她的用心學習而感動。

紅磚材竟然可以做到如此這般的精緻，

她絕對是美麗的，

因為有著自己的風韻而美麗著。

（虹口區甜愛路附近）

殖民時期的大刀闊斧，
為上海搭起西風東漸的國際形象。
經典巴洛克式的精雕細琢，
鋪陳著那個時代美好的景色，
我們稱之為上海灘風華。

（上海外灘附近）

上海灘以浦西，

是最最具有三〇年代氣質的。

巴洛克、洛克克、現代主義、文藝復興，

菁華類的建築裝飾和想像力，

跟隨著海潮的雄心壯志，

被移植到上海城，

再優雅的發揚光大。

不受時間的影響，

不被朝代所干預。

祖父、兒子、父親、舅舅、叔叔，

可以長存受到尊崇的樣式，

很驕傲地在上海城展現他們的美麗。

至今，
上海再度重展風雲，
經典依舊，
獅子終於不再孤單。

（上海外灘附近）

懷舊的上海

有印象的上海，是打著燈光，漂亮的了不得的上海灘。上海脫不了黃浦江水的
擺擺盪盪，就像中國脫不開中國人複雜的性格一樣。

上海怎麼變得很懷舊的，連她自己都不知道，跟北京比起來，她可是年輕不少。
跟平遙比起來，她更是個還綁著辮子的小丫頭。
年輕的上海，因為她的活力而驕傲著。
懷舊不過是因為絲料的棉襖、旗袍罷了，
懷舊不過是關於她的曲子還停在那個五〇年代罷了。
小姑娘硬是撐起中國的面子，扛下全球景氣復甦的責任。
這樣的上海，怎能不驕傲。
所以中國的老父說：上海，硬是要得！（虹口區）

生活的立面

生活被貼在房子的立面上，顯而易見。可以讀出的是空間始終不足。紡織品和建築材料很不相稱，卻使因為生活而豐富出的表情——柔軟生動起來。（徐匯區襄陽南路巷內）

看報和標語

黑板就裝在路口的牆上，或是住宅小區裡的大門口。通常寫些應景的標語，以粉筆寫出很整齊的字跡，歡祝慶典或是國家節日的說不一定。或是有關政策宣導的口號，讓大夥兒別忘記，自己所要擔負的一部分責任，通常還很押韻。

所以路口便成為小區裡的聚會場所，大夥兒就安安靜靜的看報或是讀標語，日子也就一天天的過去。（虹口區甜愛路附近）

魯迅故居

位於虹口區甜愛路附近的魯迅故居，是來上海的朝聖地之一。原來魯迅故居有好幾個，分別散落在中國當時發生文化的地方。魯迅住的公寓挺小，外面的紅磚牆砌得挺好，就連外頭的大樹都長得挺漂亮。咸豐酒店前的魯迅人像魯迅筆下的咸豐酒店被實踐出來，供應著咸豐酒店出現的各樣菜色，滿足文學裡不能滿足的現實感。（虹口區甜愛路附近）（多倫路咸豐酒店前）

電影場景般的迷巷

還不到一公尺的房子背面，有時候盡被人們遺忘了。
所以擺放著要出門才記起來的單車。
什麼衣服啊，臘肉的，
也晾出來露露臉。
很上海的老巷子裡，似乎再等久一點，
就會有穿著旗袍的美人兒走出來，
對你露齒微笑。

(虹口區多倫路巷內)

上 ♀ 海 ♀ 美 ♀ 人 ♀ 兒

記憶裡的上海美人兒是誰？阮玲玉、張愛玲？
上海電影和小說必定出現穿著旗袍，顯現凹凸有緻身材的美人兒。

細細的眉，大大的眼，艷紅的雙唇，構成美麗的焦點。
她不一定生於上海，但必定成名於上海。

古董留聲機裡傳來細細吟唱著夜上海的曲調，五十年前，
上海就已經是個不夜城。（多倫路）

思南路

如果，上海舉辦市區最美的街道比賽，有一票會投給思南路。因為她的樹廊漂亮，因為她的名字美麗，因為她擁有上海上一個世代時的優雅氣息，至今風韻猶存。（思南路）

驚豔法國梧桐

法國梧桐在初春發芽，盛夏恣意著綠色的美麗，秋末落葉，冬季應景的掉落樹葉，成為光禿禿的雕塑作品——等待來春。

所以去到上海，請記得在春夏之際騎單車，享受衡山路附近難得的清閒。 （衡山路）（山陰路）

靜謐的上海午後

悠閒　沉靜　安寧　涼爽　這是夏天的上海午後

上海因為梧桐而很美麗。

春天發芽

夏天樹影

秋天落葉

冬天禿枝

梧桐準點報時，告訴上海說，季節來到的時刻。

（衡山路）（徐匯區）

等待的光線

屋內還是當年的等待，
屋外卻已進入多變的另一個新現代。

老房子裡的紗門，
一片紅和一片綠，
竟透著別緻的色彩。

孤單的木椅，
依然可以望見窗外，

記得抬頭看天空

學習用另一個角度看待城市，會發現每個城市的生活，很不一樣。

上海的天空，是什麼樣子？高樓正在比賽，電線桿在吵架。不吵架的時候，會和隔壁的法國梧桐聊家常，星期六的副業是當曬衣架。上海的天空有些忙碌。

有多久沒有看看美麗的藍天？每天忙著說話、每天忙著開會、每天忙著走路、每天忙著微笑、每天忙著製造、每天忙著生氣、每天忙著開心，每天忙著忙碌。

忘了雲的樣子有多漂亮，不記得每天走過的路有一棵艷麗的大樹，丰姿卓越地伸展春天才有的綠葉。小時候，不是都愛風箏麼？因為風箏飄啊飄的，像夢一樣飄啊飄。

還隱隱約約記得天空的樣子吧，在有風箏的時候。還有想不開的時候，抬頭看看天空，白雲會告訴你，你心裡的答案。

在city of angel中，天使們的住所，是儲存大量知識的圖書館。天使們的工作，是陪著人們離開。天使們要到早晨，才感覺得到風，他們仰望著海平面的天際，都在想些什麼？想著上天送給人類的禮物，人類怎麼這麼輕易就把它給遺忘。想著人們到底都在忙些什麼，怎麼把時間用在自然的生老病死的情緒裡，如果能夠活到永遠，那時間又算什麼。

留一點時間，學習天使享受風的方式。留一點時間，學習天使觀賞雲的方法。

電線桿和法國梧桐的對話

電先生：法小姐，Good morning。

法小姐：電先生，Bonjor。

電先生：您好像剪了新髮型，挺好看的呢。

法小姐：是阿，春天要到了嘛。你呢？

電先生：最近比較忙，因為路口房子裡新搬來了三戶人家。

法小姐：是這樣呀，是不是有個綁著馬尾的小女孩？

電先生：是阿，您也發現了。

法小姐：她有的時候，會來看看我，一看就是一下午。

電先生：真好，所以您換了新髮型。

法小姐：嗯，我記得二十年前，也有個綁馬尾的小女孩會來看我。

電先生：那個小女孩呢？

法小姐：後來搬家了，不過，她還是會回來。

只不過，頭髮放下來，看起來，更標緻。

電先生：下午，綁馬尾的小女孩會來嗎？

法小姐：希望她來，很懷念那些靜靜的午後。

電先生：我得去上班了，改天再聊。

法小姐：再見了！

電先生：再見！

（衡山路）（多倫路）

晾 衣 服

初次看見這樣子的晾衣方式，疑惑是，要怎麼把衣裳擺上？上海的公寓大廈，因為生活而多出一層有表情的立面。乍看之下，會以為這裡的房子還沒等到完成，就急忙著搬進屋裡，鋼筋似乎還露在外頭。這樣子的公寓，倒是很引人注目。仔細一看，原來是一層曬衣架，形成上海公寓很特別的景色。（董家渡路巷內）

洗好的衣服要往哪裡擱？往外頭擱唄。外頭風大，也比較不佔位子。

（董家渡路巷內）

在上海的公寓大廈，是熱鬧非凡的。
怎麼可以想像超越300公分的竹竿可以一支一支的延伸到街道來。
就這麼看見被撐開來的衣裳，無奈的隨風擺盪。

搖一搖,搖到外婆橋。晃阿晃,衣裳再晃兩下子
也就乾了。上海的電線桿,除了傳輸電力,也擔
負起晾衣服的責任。有衣裳飄盪的電線桿交不到
麻雀當朋友,麻雀會以為稻草人隨時會爬上電線
桿,嚇牠們一大跳。(董家渡路巷內)

無法想像上海的生活對於晾衣服這件事，是
十分具有想像力的。
到了週末假日，一個星期所有的衣裳都出籠
亮相，很有技巧的爬上每一個小巷子裡。好
不容易把衣服定位的人們，也就安心的回
家，準備迎接下一個乾淨的一個星期。

（多倫路巷內）

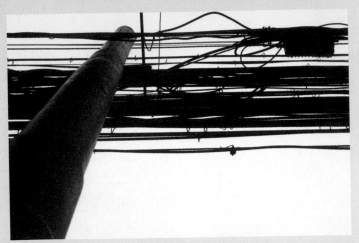

電線上身

上海的房子忙碌的
不得了。忙著照顧
因為太熱加裝的空
調機。忙著照顧因
為有空調機而要的
很多電力線。

天空竟然被佔領，
立面竟然也被佔
領。電力不太甘願
自己寂寞的工作
著，所以派電線出
來宣告自己的工作
範圍，到處無所遁
形的宣示電力時代
的所向披靡。

別的城市看不到的景象，
我們都可以在上海找的到。
古典立面是古典立面，
工業電力供給是電線；
但怎麼也沒想到，
電線和巴洛克立面的線條，
可以這麼和諧的站在同一陣線。

（四川中路巷內區域）

站在優雅的古典上海街道，
可能會看見很現代的那一面。
電線交錯在空中，
交錯
交錯
交錯

綠燈指示城市的節奏，紅燈停，綠燈行。
停停
停停
行
行行行

上海從古典走到現代，
　　行行行
　　　　停
　　停停
　　　　行

國際品牌一樣在這裡，
　　　行行
　　　行行
　　行行行

（四川中路巷內區域）

抬頭看看上海的天空，
有一種十分熱鬧的視覺效果。

房子、立面加電線。
窗戶、磚牆加電線。
陽台、空調加電線。
電線真是無所不在，
充滿充滿充滿在繁華雍容的上海城裡。

上海生活觀的幾零年代

三〇年代的上海，是不是就是這個樣子？記得在課本或是雜誌上曾經看過，張燈結綵的燈還被掛在路中央的頭頂上，半圓形的燈俗艷的很可愛。連結電車就這麼呼嘯而過，更確定身在三〇年代上海的時代感。

怎樣叫做很上海

是上海灘，還是紅磚牆。是里弄小巷，還是林蔭大路。是深色西裝，還是藍衣紅帽。是冷漠，還是熱情。是瀟灑還是荒唐？（董家渡路巷內）

除了漂亮的上海灘，其他的上海，長的是什麼樣子。
人太多所以城市很忙碌。衣服和電力線在一塊兒。行道樹和電線桿在一塊兒。自行車和出租車在一塊兒。很多東西都絞在一起，擰在一塊兒。
五歲的上海和五十五歲的上海站在一塊兒。（董家渡路巷內）

84

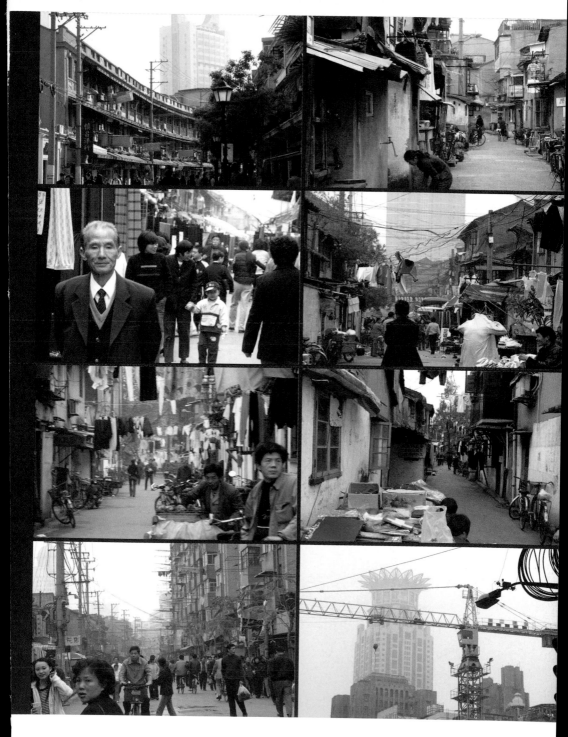

上海灘前的南京西路很有名，

應該可以算是世界上有名的道路之一。

轉個彎進去，

有上海很平易近人的一面。

不算俗艷，

但倒是有點失序。

再轉個彎進去，

原來沒有出現在和平飯店前的人們，

都擠到小巷子裡，

或是董家渡的後面。

原來上海的生活，

還不只是上海灘風華而已。

生活其實並不太忙碌，

但人多的像是很忙碌的一回事兒。

看過黃浦江算是來到上海走一回，

上海灘是個好門面。

那再多待幾天唄，

上海可不只有上海灘。

三百塊一個月能夠過的還可以，

三千塊兩天也可以過得很小家子氣。

（盧灣區）（南市區）（黃浦區）（徐匯區）

自·行·車·大·隊

轉動中的腳踏車，
讓整座上海城如上緊發條般，
充滿活力的鼓動著。
看著這麼多的自行車在街上流動，
很是過癮的。
所以自行車開始有車牌號碼。
唯一整齊的是排放自行車的地方，
充滿特色。（南市區）

（黃浦區）（盧灣區）（南市區）（閔行區）

你看看，
上海不需要拼貼就很蒙太奇。
商家必爭的大上海帝國，
不是要你玩組合遊戲，
而是要你站好位置。
所以報章雜誌如是說，
只要在這裡站對地方，
你就能夠看見不用拼貼的蒙太奇。

（黄浦區）（南市區）

急遣
请从四川中路大门进

（徐匯區）（虹口區）（黄浦區）

上海令初次來到的人們看不懂，這個怎麼會和那個放在一起。矮房子的背後，怎麼竟然會是個摩登的超高層大樓。起翹的屋角竟長的有五層樓高。三十幾樓的公寓前，還有忘了地下化的電線桿。24小時的便利店旁，是條光線不足的小巷。這樣一來，載著一車保力龍箱和名牌跑車同時出現，我們也不應該驚訝。

上海的大街小巷裡面，藏匿著許多看不見
的次序。
比方說，腳踏車和裝著貨品的三輪車。比
方說，三三兩兩看不見目的地的行人。
比方說，安插在里弄巷道前的雜貨小攤。
比方說，還不見夥計的個體戶。

（淮海中路）（盧灣區）（徐匯區）（虹口區）

很不經意的出現在很多路旁的角落的是：修鞋的老匠推著車，十分認真的修補著鞋。路邊擺放著整齊的塑膠盒，算是一家個體戶。專門燙衣服也能搭成一間店。最常見的是將廚房擺放在門口的麵店。有時候，麵的麥子不見了，成為刀削面，讀起來不太習慣，好像不是那種用來吃的麵。更多是以手寫的白漆木牌標示的。斑斑駁駁紅漆似乎很容易剝落。那些出現在路旁角落的店面，跟大多數都是國營的連鎖老店不太一樣。或許他們都在想著，什麼時候可以有一個聯鎖企業。所以聯鎖店有很多都是紅色的招牌，小店都用紅色的字。

上海的小店

（虹口區）（南市區）（徐匯區）（黃浦區）（盧灣區）

這樣叫做很上海

騎著腳踏車在上海灘附近亂晃。有紅衣 Door Man 的和平飯店。男人穿著西裝，女人穿著旗袍。抬頭看見標語，忙著呼籲大眾。漂亮極了的梧桐樹，有美好的樹蔭。新的和舊的放在一起，挺熱鬧的。轉進巷子裡的風景就完全不一樣，轉過了街角，就過了二、三十年。（黃浦區）

這樣叫做很上海

right and left

窗外

窗外的我們，看見望著窗外的老婆婆。老婆婆從小店的窗外，望見上海
變化的起起落落。（淮海中路巷內）

窗外的我們，看見望著窗外的老婆婆。
她一定見到了上海是怎麼長大的。

就像她從小女孩長成少女。
從少女的涉世未深，長成知進退的少婦；
從少女的擁有夢想，長成歷經滄桑的母親。
歲月為她掛上皺紋，也帶來處事的從容。

老婆婆像是望著自己長大的遠方一樣，
望見上海變化的起起落落。

right and left

化妝前和化妝後的遊戲，早已玩過。現在是一個空間差的問題，再加一個時間作為對照元素。這是一種非關時尚的前後邏輯問題。

哪一邊才會引人注目，Before 和 After 180°之間，有沒有你要的答案？

抵達上海的第一個印象，最深刻的不是她的繁華，也非她的老成。

而是她的新舊雜陳，被同時並列在同一個空間裡。

所以上海送給初次見面的人一個行動攝影的機會：拿著相機向前拍，原地踏步180度，記錄與上海初次見面的驚豔。

我們在上海五〇年的前後之間穿梭，一次看見上海的從前與現在，以滿足我們對於時光的貪婪，所以這大城，如此引人注目，如此令人想見。

right and left right and left

（淮海中路中環廣場及對面，距離15公尺）

（新天地南里路旁，距離15公尺）

（新天地南里的新大樓斜對面，距離15公尺）　　　　　　　（新天地南里大樓的對面，距離15公尺）

隔壁不乏彩妝面，
公主的對面是賣火柴的小女孩。
時尚奢見樸素的不得了的生活時，
手不知道要擺在哪裡才對。
同樣也是醃菜，
價格在15公尺以內；
會有一百倍的價差的Gucci的對面是一樣龍

（新天地南里的大樓餐廳的斜對面，距離15公尺）

（淮海中路上的美美百貨，距離15公尺）

隔壁不等於對面，
公主的對面是賣火柴的小女孩。
時尚看見樸素的不得了的生活時，
手不知道要擺在哪裡才對。
同樣也是點菜，
價格在15公尺以內，
會有一百倍的價差Gucci的對面是一條龍。

（徐匯區永康路永嘉路附近，距離15公尺）

（徐匯區永康路永嘉路附近，距離15公尺）

（徐匯區永康路永嘉路附近，距離15公尺）　　　　　　　（徐匯區永康路永嘉路附近，距離15公尺）

(徐匯區永康路永嘉路附近，距離15公尺)

(徐匯區永康路永嘉路附近，距離15公尺)

（淮海中路上的麥當勞與對面巷內，距離15公尺）

（新天地南里的新大樓斜對面，距離20公尺）

（淮海中路上的高级住宅的對面，距離15公尺）

（濟南路上的酒店式住宅大樓的對面，距離5公尺）

（濟南路上的酒店式住宅大樓的對面，距離5公尺）

（徐匯區永康路永嘉路附近，距離15公尺）

（淮海中路上的高級住宅的對面，距離15公尺）

（濟南路上的酒店式住宅大樓的對面，距離5公尺）

（濟南路上的酒店式住宅大樓的對面，距離5公尺）

（徐匯區永康路永嘉路附近，距離15公尺）

（徐匯區烏魯木齊南路，距離10公尺）

中国民主促进会上海市徐汇区委员会
中国农工民主党上海市徐汇区委员会
中国致公党上海市徐汇区委员会
九三学社上海市徐汇区委员会
台湾民主自治同盟上海市徐汇区委员会
上海市徐汇区工商业联合会
上海市徐汇区商会
上海市徐汇区归国华侨联合会
上海市徐汇区少数民族联合会

（徐匯區烏魯木齊南路，距離10公尺）

1950和2003同在一起，
會不會好好的手牽手，
還是彼此相互不理睬。

（徐匯區烏魯木齊南路，距離10公尺）　　　　　　　　（徐匯區烏魯木齊南路，距離10公尺）

（徐匯區永康路永嘉路附近，距離10公尺）

（徐匯區烏魯木齊中路，距離20公尺）

談戀愛的人們啊，記得要有點空間，
才會有美麗的遐想。
也請記得保持距離，以策安全。
事實證明，10公尺的距離，說夠，也不夠，
所以人們在1950和2003之間的情緒裡，遊戲其間。

（徐匯區永康路永嘉路附近，距離10公尺）

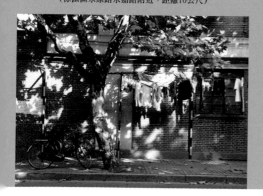

（徐匯區烏魯木齊中路，距離20公尺）

空間裡相對的蒙太奇，
收錄在同一個站立點上，
鏡頭轉動180度以內，
以兩面相對的照片，
兩張畫面的相對位置，
共構出得不到交點的平衡。
通常玻璃門外的大門口，
會接著一條長長的綠色林蔭大道吧。
至少地圖上會是這麼畫的，
在新天地南里的大樓外面，
怎麼就會硬生生的接到鄰居家的大門口。
有小店舖、
拆了一半的店面、
還有手寫的電話卡折扣表。

（新天地南里大樓的對面，距離15公尺）

時 · 空 · 不 · 等 · 距

空間的距離很短，

時間的距離太長。

這裡僅僅相隔15公尺，

卻擁有五十年以上的風景。

往前或往後，

一樣令人不知所措；

停駐下來，

找不出時間的痕跡。

(徐匯區永康路永嘉路附近，距離15公尺)

上海左右看〔right and left〕

上海一直是大工地，
怎麼蓋也蓋個沒完。
什麼時候竄起個高樓，
又起個綠化，
都沒拿個準。
所以上海三個月就變一個樣兒，
比女大十八，
變的還要快。

（黃浦區）

上海最火紅的新天地，當然要多幾個漂亮的特寫。石庫門被裝點成提供給來自世界觀光人潮的新據點。TMSK, T8, VIDAL SASSON, ARK, X.，以世界通用的英文字母，向全世界宣告新時代的來臨。

絕對時尚，也絕對混淆身處在今天的你的時間感。頂尖的設計團隊被邀請來這裡比賽。站在新中國的舞台上，打一場新開發出來的擂台賽。在這裡可以瞧見上海強迫長大的一種手段。新上海現象，蔓延得很厲害。上海的新天地，怎麼能夠不火紅。

新天地 ……瑞安集團的遠見

請好好珍藏老祖母的壓箱寶，
因為有些東西是現在的人想做也做不出來的。
老東西，很令人動容，也得之不易。

請好好思考時間相對的意義，
因為我們是一種可以體驗時間流逝的生物。
老房子，更惹人愛憐，更難以重建。

歐洲之所以美好，
或許在於石頭們所蘊含的古老時刻，
相信這也就是上海石庫門的魅力所在。

石。庫。門。的。新。表。情

上海特有的老式住宅，
可能從沒有想過有一天自己會成為中國的新焦點。
新天地裡石庫門的巷道，
少了殷殷期盼等待遊子的老母親面容，
多了觀光客所注入的新活力。
英文、中文、日文、韓語、法文、西班牙話，
突然一下子被張羅在一起，
上海不愧為國際新都。
最常聽見的，
是相機的清脆快門聲。
似乎來到這裡的相機，
都著了魔似的要為這位上海的新寵姬，
留下美麗的記憶。
新天地想當然爾的端好架子，
為遠道而來的各位，
展露最艷麗的表情。
老石庫門裡的新天地，
為新中國畫出一副很是美好的鮮活藍圖。

Window show

Window show

櫥窗告示出屋子裡面的一點心意。像是禮盒包裝一樣,給收到禮物的人,先有一點初次見面的驚喜。然後經過精密而且不可考的心理作用,才計算出要進去的決定,希望每間打著漂亮彩帶的屋子裡,都有驚為天人的美麗。幽默的排滿一整個櫥窗的養力蛋,讓人很擔心櫥窗設計師這一季的膽固醇。因為季節而乾枯的蓮蓬,被很珍惜的擺放在精心刻劃出來的透明方框中,讓駐足觀看的人們,彌覺珍貴。

無責任shopping

無責任
shopping

來一場不必負責的window shopping. 大上海的櫥窗,一樣供應著華麗的景象,櫥窗裡的世界,總是很不現實的美麗著。大面玻璃後面的精心佈置,想盡辦法的勾引經過的眼睛。櫥窗裡和櫥窗外的目光,刻意的不要四目相接。或許相映在擦的透明潔淨的玻璃上的你,才是心裡唯一的真實。

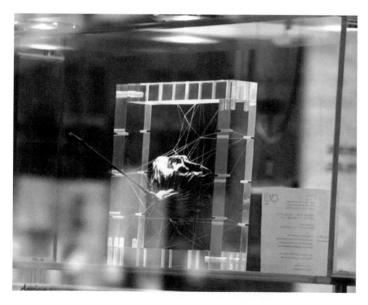

Color talking

無論是清新的森林綠，

　或是傳統的中國紅，

　都很令人心曠神怡。

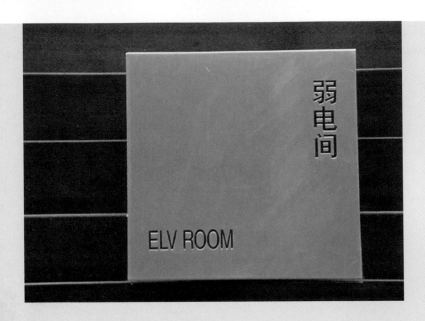

弱
电
间

ELV ROOM

中文的分野，
在二十年後初次見面。
習慣繁體字和使用簡體字的民族，
講著相通的話語，
卻聽不太懂對方在説些什麼。

文+ 字= 不+ 可= 考

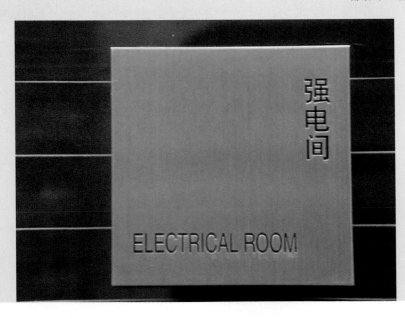

强
电
间

ELECTRICAL ROOM

Morning party

Morning party

新天地裡有一場早上也可以參加的party，

看見繽紛的視覺饗宴。藍色帆布的小船，

載著青草地，

在黑板上告示著餐廳主人的特調果汁。

艷紅的椅子，

強力的成為風景的一部份，

看人也被人看。

過··去··的··痕··跡··

留與不留，成為考古學界傷腦筋的問題。在建築業界，其實也有相同的困擾。那座再也沒有美人憑欄的古意陽台，是留還是不留。那面再也沒有商賈做買賣的門口，到底留還是不留。幸好都留住了，所以過路的人望著翻修過的陽台，考證美人出現的地方。憑著留下來的字，想像川流不息的那個時候；就像自己正在經過的這個時候一樣，人潮洶湧。

‥門‥當‥戶‥對

老父親總要女兒嫁的好，門當戶對成為最基本的評價，至少免掉最傷神的價值觀問題。不過，如果女兒不愛那個對象怎麼辦？老父親只好說，習慣了就好。女兒生氣的說，都不愛了，要怎麼開始去習慣。老父親無言了，因為這是老老祖父跟他說的。他從沒想過愛不愛這個問題，任憑歲月慢慢的流去，悄悄的偷走他對那個鄰家女孩面容的記憶。

高樓博覽會

WHO IS THE KING OF THE SKY

金茂凱悅，89層樓，420.5公尺。恆隆廣場，66層樓，288公尺。金氏世界紀錄有沒有哪個城市的高樓蓋的快這一項，替上海報個名，或許可以榮登寶座，為中國再添一筆刷新紀錄。（黃浦區）（浦東新區）（盧灣區）

working in the sky

in the sky

什麼樣子的工作會最接近天空？機長、空中小姐、爬電線竿的工程人員、消防隊員、在高級辦公大樓的office lady、洗大樓的清潔人員、跳傘特技師、魯貝松電影裡的企業戰士、孫悟空、哪吒、太陽神阿波羅、愛神邱比特也有翅膀。（濟南路上酒店式住宅大樓）

恆·隆·廣·場

（南京西路恆隆廣場）

波 · 特 · 曼 ·

波特曼實在十分有特色，
誇大的圓洞牆，
變形的混凝土斗拱。

(南京西路波特曼)

金·茂·凱·悦

來到浦東，必定抬頭仰望的金茂凱悦。至2003為止，擁有全世界最高的住房飯店。看著一階一階直達空庭的天梯，我在想，俯視黃浦江和全上海時作愛的滋味，能不能夠治療現代都市裡普遍的性冷感症狀。

人們一直作著碰到雲的夢想，冷冰冰的金屬和玻璃帷幕的機械五金，終於在黃浦江的東邊，達成東方明珠好久以來的夢想。只是，親手抓到雲，畢竟只是個夢想，而且被這麼冷的手碰到的天空，應該會高興不起來吧。（陸家嘴浦東金茂凱悅）

金・茂・凱・悅

反～射～動～作

玻璃帷幕的其中一項優點，是自己可以有冷靜的表情，還能夠完全反射對面的情況。如果作不到和對面一樣的古樸，或是花時間和精力來裝點自己的話，用這種方式也是不錯的。對面房子的立面，突然被分隔起來，看看有沒有被劃在黃金比例的境地裡，通過現代的考驗。玻璃帷幕因為不能開窗而無法和外界接觸。所以反映著城市的起起落落，和朝代的興衰，始終保持冷靜。只有在清潔面容的時候，對於身處於空氣污染的環境而淚流滿面。（淮海中路上的玻璃帷幕大樓）

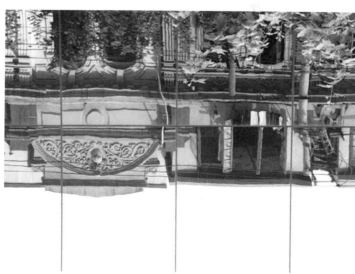

後記

以上,是上海生活的影像紀錄。第一次看到上海這個大都市,著實令我不知所措。某棟樓電梯裡面的頂上,有一組因為冬季暫時停轉的電風扇;超級市場的標示,都實際標明著價格和產地。連衣服、鞋子都不例外,其中絕大多數都是Made in Shanghai;商店裡的店員表情都很像;街上的人們很大聲的在講話;人實在好多。她實在是太大了,大到無法令人掌握。

在台北我已習慣以走路完成某一項約會的旅程,但在上海卻沒有辦法,任憑我怎麼努力的穿過大街小巷,上海似乎就是怎麼走都走不完。這曾經令我很沮喪,這個城市,竟然是用腳走不出來的,生長在台北和台灣其他城市的孩子,沒有辦法用腳程體會大城市的尺度。所以拍攝的角度和記憶的捕捉,成為另一種補償的方式,至少可以帶回上海很衝突的都市空間影像,或許不美,但是絕對真實。最可惜的是,沒有拍到藍色的餿水桶放在擁有女體身影的粉紅色香水廣告前,藍色和紅色的對比,現實生活上絕對會出現的剩餘殘餚,和商業廣告漂亮的生活奢侈品,強烈的太興奮而來不及拍攝,她就這麼出現在我的眼前,但稍縱即逝。

或許這座萬眾矚目的焦點城市,在她快速變化之下,很多街道裡的角落,也是一下子就變了個樣兒。上海,果真不只有上海灘。她還有很多或許親切,或許無法理解的現象。

謹獻給即將準備去上海,以及已經從上海回鄉的人們。
你們心中的上海,會是個什麼樣的城市?

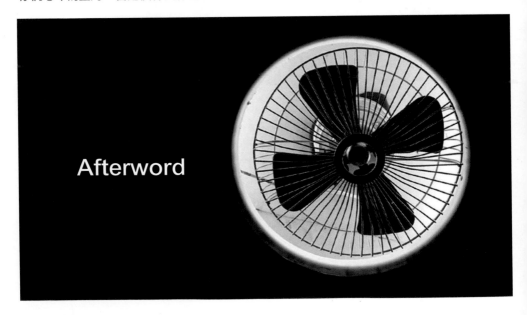

Afterword

上海市簡圖 （標示本書內容主要提示位置）

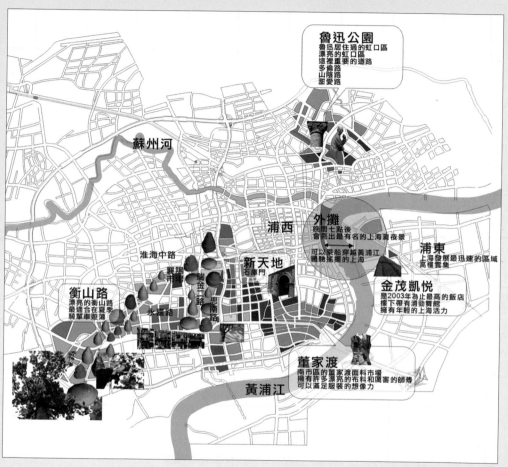

魯迅公園
魯迅居住過的虹口區
漂亮的虹口區
這裡重要的道路
多倫路
山陰路
甜愛路

蘇州河

浦西

外灘
晚間七點後
會亮出最有名的上海灘夜景
可以乘船穿越黃浦江
體驗搖擺的上海

浦東
上海發展最迅速的區域
高樓雲集

金茂凱悅
是2003年為止最高的飯店
樓下帶有浦勁舞館
擁有年輕的上海活力

新天地
石庫門

淮海中路

襄陽市場

瑞金二路

思南路

衡山路
漂亮的衡山路
最適合在夏季
騎單車遊蕩

永嘉路

董家渡
南市區的董家渡面料市場
擁有許多漂亮的布料和屬害的師傅
可以滿足服裝的想像力

黃浦江

蕭佳佳繪

國家圖書館出版品預行編目資料

上海左右看：阿拉就是這個樣＝MIX City-All of Shanghai
蕭佳佳 著.攝影 -- 初版. -- 台北市：藝術家，
2003〔民92〕面；15×21公分.

ISBN 986-7957-73-3（平裝）

1.上海市－人文－照片集

672.19 / 201.4   92008057

MIX City-All of Shanghai
上海左右看

蕭佳佳 著・攝影

發行人　何政廣
主編　王庭玫
責任編輯　黃郁惠・王雅玲
美術設計　許志聖

出版者　藝術家出版社
台北市重慶南路一段147號6樓
TEL：（02）2371-9692～3
FAX：（02）2331-7096
郵政劃撥：01044798號藝術家雜誌社帳戶

總 經 銷　時報文化出版企業股份有限公司
中和市連城路134巷16號
TEL：（02）2306-6842
南部區域代理　吳忠南
台南市西門路一段223巷10弄26號
TEL：（06）2617268
FAX：（06）2637698

製版印刷　新豪華製版・東海印刷
初版　2003年6月
定價　新台幣280元

ISBN　986-7957-73-3（平裝）
法律顧問　蕭雄淋